달빛 사랑채 한 칸

달빛 사랑채 한 칸

천정자 시집

도서출판 태원

| 시인의 말 |

하늘 처마 끝에 저녁놀 번진
산을 걸어서 빌딩 숲 마을
가족이 기다리는 처소로
모습 감추는 행인들

아치형 육교 정상을
오르고 내려갈 때마다
마을 풍경을 닫고 여는
신비로운 마술처럼

두 번째 엮은 시집도
읽는 이의 마음 풍경을 사랑으로
열고 닫는 우리 동네 아치형 육교
정상의 친근한 마술이었으면 좋겠다

2024년 12월

봄 꿈을 기다리는 순백의 계절에

천정자

차례

시인의 말 \ 5

1부 \ 우리 사는 동안 All our lives

꽃바람 부는 오후 \ 13
우리 사는 동안 All our lives \ 14
나, 봄 타나 봐 \ 16
사분사분 그대 오는 길 \ 17
Look at me \ 18
동백꽃 연가 戀歌 \ 19
그 해 봄빛 추억처럼 \ 20
순결한 사랑의 눈꽃 \ 21
겨울 꽃 연서 \ 22
함께 젖어 걷던 그 길에서 \ 23
가슴으로 묻는 너의 안부 \ 24
비경의 동강이여 \ 25
내일이면 기다림이 오는 날 \ 26
달빛 사랑채 한 칸 \ 27
열세 번째 간이역에서 \ 28
13월의 봄 바다 \ 29
기차는 오직 너를 향해 달리고 \ 30
Rainy day \ 31
You're my best friend \ 32

2부 \ 우체국 가는 길

나를 잊지 말아요 \ 35
삶의 연가 \ 36
추억으로 걷는 의암호수 \ 37
달의 눈빛 \ 38
푸른 옷소매 \ 39
눈사람으로 오던 날 \ 40
우체국 가는 길 \ 41
너를 연주하던 날 \ 42
너에게 가던 날 \ 43
겨울 언 강물 소리 \ 44
가을은, 가을은 말이야 \ 45
집으로 돌아오는 길 \ 46
눈꽃 편지 \ 47
죽을 만큼 보고 싶다 \ 48
가을 역에서 만날까요 \ 49
물레방앗간에서의 하룻밤 \ 50
꽃이고 별인 그대 있음에 \ 51
눈꽃 종착역에서 \ 52
사랑한 지 오래죠 \ 53

3부 \ 내 그리운 친구여

빗금치는 눈발의 저녁 \ 57
사랑의 방정식 \ 58
새 벽 달 \ 59
인생의 정답 \ 60
마로니에 가로수 길 \ 61
내 마음의 파랑새 \ 62
연주 봉사자 '성희' 동생 \ 64
6월 그대에게 \ 65
시와 가곡, 김은혜 작곡가님 \ 66
내 그리운 친구여 \ 68
잊지 못할 시월의 가곡 음악회 \ 70
보라색 별의 이름 수국 \ 72
여우비 \ 73
누구라도 내가 되어 \ 74
무임승차 했을 뿐 \ 76
그 너머엔 첫눈 왔나요 \ 77
아픈 너에게 \ 78
우리 동네 공지천의 봄 \ 79
심해에 뜨는 무지개 \ 80

4부 \ 가을 소녀의 별 헤는 밤

그대가 바로 한 사람이죠 \ 83
내가 나를 여행하는 동안 \ 84
널 위해 부르는 노래 \ 86
남은 꿈이 너라는 하늘 \ 87
내 이름 아시나요 \ 88
빗방울 소나타 \ 89
누명 씌운 계절을 벗으며 \ 90
구수하게 익은 아침 내음 \ 91
사랑비로 오는 동안 \ 92
원초적 본능의 고백 \ 93
가을 소녀의 별 헤는 밤 \ 94
빗소리 발자국 \ 95
기다리는 마음 \ 96
부디 잘 가요 \ 97
흔들린다는 건 \ 98
사랑으로 오소서 \ 99
시월이 전하는 말 \ 100
봄바라기 마음처럼 \ 101
그녀 이름은 명자 \ 102

5부 \ 사랑과 그리움의 테마

만월 滿月 사랑 \ 105
사랑과 그리움의 테마 \ 106
설렘의 파장을 사랑하며 \ 108
흔들리는 여름밤 \ 109
길모퉁이 카페 \ 110
7월의 짝사랑 \ 111
사랑하는 이유 \ 112
편지의 해독 解讀 \ 113
해바라기 연정 \ 114
빗방울 소나타 2 \ 115
초저녁 별 사랑의 추억 \ 116
커피가 진한 이유 \ 118
경포 밤바다의 추억 \ 119
마지막 잎새와 첫눈 \ 120
너라는 창문 \ 121
가을 커피 한 잔의 추억 \ 122
그리움과 사랑의 강물 \ 123
당신의 초대장 \ 124
첫눈 오는 날 \ 125

해설 \ 『달빛 사랑채 한 칸』을 읽고서 | 작가 김용원 \ 127

1부

우리 사는 동안 All our lives

꽃바람 부는 오후

남은 해를 등지고 걸어가는
바람 속으로 들리는 그대 목소리
하얀 꽃잎의 미소에 젖어드네요

아름드리 벚꽃 나무 가슴에
기댄 어깨와 머리카락
뺨을 타고 흐르는 꽃잎 자국들

조붓한 빌딩과 빌딩 사이로
핏빛 노을이 걸려 퉁퉁 울어도
귀를 닫은 나그네 발자국 소리뿐

꽃바람 부는 오후에
젖은 그리움은 별빛에 걸어두고
굴절된 추억은 가로등 불빛 아래
그림자로 나란히 손잡고 걸어요

우리 사는 동안 All our lives

그대 나침반 흔들리는 삶에
달콤하고 향기로운 꽃 한 송이
피웠다면 둥둥 북소리 울려라

쌉쌀하고 짭조름한 눈물과
등이 휜 고독과 상처와
희생을 지불한 결실이리니

삶의 그늘과 양지 희로애락을
연주하는 그대와 나, 우리는
반백의 애증 즐기는 준프로잖아

들꽃 한 송이 나뭇잎 하나도
숭숭 구멍 뚫린 가슴으로
별밤과 바람의 숨결 흐르게 하나니

울고 싶을 때 웃고, 웃고 싶을 때
이타적인 눈물을 흘릴 줄 아는
영혼의 텃밭 하나 가꾸며 살자

해와 달, 뭇별과 자연도
인류를 위해 존재하듯
진실한 가치의 꿈과 사랑
희망으로 담담하게 살아가자

나, 봄 타나 봐

그냥이라고 가슴과 달리 말해놓고
둥둥 울리는 북소리 파장을 들어

감성의 쌍무지개를 띄우다가
목젖에 걸린 나이테 가시와
맞짱 뜨는 변주곡을 연주해

새벽 여명에 하늘 문 열고
저녁놀 별밤이 문빗장 건네도
흔들리며 사랑하고 꿈꾸는
너와 나, 우리의 봄날이잖아

나, 봄 타나 봐
목젖에 걸린 나이테 지우고
현실과 꿈의 간극 사랑으로 허물며
그냥과 그냥이 아닌 사이에서

사분사분 그대 오는 길

사분사분 걷는 발자국 소리
월광 흐르는 강물의 섶다리
그 섶다리 건너느라 이리 늦으시나요

늦어도 새벽이슬 머금고 피어나는
대지의 향연이기에 가슴에
불 놓은 그리움도 행복입니다

그대 오시는 길 멀고 험해도
희망과 약속의 땅으로
사분사분 걸어오는 소리의 봄날

창백한 낮달의 고독을 헹구고
사랑의 숨결로 닿을 기다림마저
꽃이 되는 이유의 봄날입니다

Look at me

의암호 바람이 수런대는
가로수길 양지 녘 둑방
말갈기를 닮은 마른풀잎 속에

봄 무대 연주회 오케스트라
초록빛 슈트의 단원들이
정갈한 미소로 환영하네요

해지고 낡은 열정과 꿈마저
길 잃고 방황하는 누군가에겐
희망의 별이 될 수 있다는 걸

은회색 긴 머리 마른풀 잎도
초록빛 향연의 꿈 기도하며
Look at me!
오는 봄 마중 노래합니다

동백꽃 연가 戀歌

이지러진 그믐달과 별밤에도
낮달 하품하는 바람결에도
여민 옷고름 하르르 풀듯

하 그리워 그리워서
차오르는 눈물 치마폭에 감추고
붉은 열정으로 꽃 피웠는데
그대 보기에 내 모습 예쁜가요

사랑하는 사람의 심장 박동처럼
떨림의 파장 붉게 터져 흐르는
노을빛 바다에도 더는 묻을 수 없어

한 송이 두 송이 기도하며 피어나
수백수천만 송이로 임 그림자에
투신하는 나는 붉은 동백꽃입니다

그해 봄빛 추억처럼

셔틀버스에 몸 싣는 일조차
버거워 결강하던 그날 아침
봄 꿈 나풀대는 바람 속을 걸었다

말 거는 나와 침묵하는 나를
둘 다 포용하는 자연과 동화되어
새콤달콤 오감의 귀갓길 청량했다

거울 앞에 내민 혀와
입술, 손가락은 친화했던
버찌의 문신으로 화려했다

이유가 굴절된 아픔일 땐
결강하던 그해 봄빛 추억처럼
사랑의 가로수 길 걷기로 하자

순결한 사랑의 눈꽃

황홀한 채색만 사랑한다면
그대 눈과 마음 있는 곳에
사립문 달아도 괜찮아요

오직 순백의 기다림으로
무지갯빛 계절을 보내고
영롱한 눈물로 피운 겨울 꽃

그대 마음의 사립문 활짝 열고
농염한 태양의 입술 닿기 전에
달려오실 줄 알고 기도하는 꽃

웨딩드레스 입은 신부처럼
눈부신 화관에 부케 들고 기다리는
순결한 사랑의 겨울 눈꽃입니다

겨울 꽃 연서

창가 모서리에 기댄 바람도
푸른 입술 떨며 속 울음 삼키는 밤
한 땀 한 땀 그리움 수를 놓았어요

애오라지 숨찬 기다림은
황금빛 태양이 고래등 같은
겨울 산을 들어올리기 전까지

그대 내 곁에 버선발로 달려와
별빛 따다 솜솜이 엮은 결빙의 꽃
실루엣의 나를 바라보아요

꽁꽁 언 바람 심장 데우기 전에
해님이 붉은 명주실 뽑기 전에
겨울에만 당신 뜨겁게 유혹하는 꽃
나목에 태어난 별꽃 보러 오세요

함께 젖어 걷던 그 길에서

올 때는 제각기 모르는 길로 와서
낮달 같은 사랑을 고백하고
떠난 사람들의 무심한 발자국

푸석한 얼굴과 애련한 눈빛이
내 발자국과 마음을 포개며
젖어 걸을 때 흔들리던 너의 숨결

대지의 가슴에 눈꽃으로 피어날 때
환호하던 생애를 그리워하며
추억을 지우는 눈물 곳간에서

순산한 봄꽃을 아가처럼 어르며
젖어서 걷던 마음 보송보송 개켜
우리 서로 헤어질 수 있어 고맙다

가슴으로 묻는 너의 안부

보고 싶다
그립다 말하면
송두리째 무너질까 두려워

장대비 내려도 젖지 않는
푸르게 열린 바다에서
목소리를 꺼내 부르는 이름

네가 사는 별나라에도
아름다운 사계절이 오가는지
가슴으로 묻는 안부 듣고 있니

청초한 봄꽃 내음 같고
가을 햇살 같은 평안을
팔베개하고 누운 쉼이기를

(별나라에 사는 너에게)

비경의 동강이여

얼마나 속울음 삼키며 연모한
세월이기에 자랑스러운 한반도를
쏙 빼닮은 섬을 낳아 희귀 동식물을
가꾸는 생태공원이 된 거니

눈동자 반짝이는 별밤과 달빛 수놓아
남풍 불면 연분홍 꽃잎 배 띄우고
소슬한 바람 불면 단풍잎 배 띄우며
삭풍엔 눈물 배 띄우며 흐른 거니

모진 풍상 외로워도 한반도를 품은
작은 섬 태고의 맥박 힘차게 뛰는
비경의 동강이여!
대한민국의 영원한 미래의 꿈과
희망, 열정으로 흐르자꾸나

내일이면 기다림이 오는 날

자욱한 안개의 새벽을 열고
붉게 저문 단풍길을 지나
첫눈 위에 하얀 발자국처럼

주바라기 엄마가 다니던 교회
종소리가 앞산 이마에 부딪혀
메아리를 부르고 출렁거리는
섶다리의 강물을 건너듯

팅커벨 요정의 마술봉으로 숲속에
잠든 동화의 나라를 톡 치면 꽃처럼
활짝 웃는 기다림이 내일이면 온다

순결한 기다림이
눈비 내려도 젖지 않는
바다와 하늘처럼 안겨 온다

달빛 사랑채 한 칸

농회색 밤 지퍼를 올리고 시름 잊고
잠든 모습 지켜준 그 사랑을 읽어요

눈동자 비낀 여운의 발자국
유리창에 써 내려간 입김조차
새벽빛에 지워진 건 아닐까

널뛰는 바람처럼 불안한 마음
세상에서 가장 안온한 미소로
입주 허락한 달빛 사랑채 한 칸

비만한 어둠 성장판 닫고
맑은 소망 이끄는 사람이여
눈뜨고 감아도 하 그립거든

계수나무 마을 오솔길 지나
봄빛 추억과 그리움 개켜둔
달빛 사랑채 한 칸으로 오세요

숨겨도 떨림의 파장
들키는 미소와 눈빛으로

열세 번째 간이역에서

싱싱한 어둠 서걱 베어 물고
지붕 건반 연주하던 푸른 별들이
우수수 저물어 성글게 빛날 때

의암호 바람의 길섶 따라 스친
푸른 옷소매 그믐달처럼 닳아도
시계태엽 정지한 그물 판타지

낡은 생의 퍼즐 비늘을 허물고
파닥이는 날개의 지느러미로
은빛 세상 손잡은 미소로 걸어요

그대 세상 시름겨워 뒤척일 때
가슴에 촛불 하나 켜서 달려갈 테니
근심의 강물 내려놓고 기다리세요

사랑과 우정의 이름으로
빛나고 저무는 약속 장소
열세 번째 간이역에서

13월의 봄 바다

차락차락 바람을 걷는 나뭇잎
연초록 별들의 우산 속으로
뛰어들면 우수수 비늘 벗는 햇살

코발트빛 바다가 보이는 언덕
벤치에 앉아 솔향 팔베개하고
창파에 배 띄워 부르는 13월의 노래

바다 한 자락 썰어 뼈 발린 살점
달달한 입맞춤 배부른 접시엔
귀소본능 노스탤지어 안테나가
저녁을 비우도록 도돌이표 파랑이다

별을 삼킨 파도 소리에 귀를 걸고
눕고 일어난 두 얼굴의 햇살이
몽환적인 바다와 손잡고 걷는

신선한 아침 축복을 노래한
13월의 사랑이 꽃문 열고 태어나
물기둥 파도로 바위를 날아오른다

기차는 오직 너를 향해 달리고

초록 나뭇잎 별들의 풍경은
속도의 칼날에 베어져 눕고
기차 뒤로 접은 몸 일으킨다

하얀 붕대조차 아니 감은 바람은
눕고 일어나는 들판을 가로질러
숨 고르는 차창에 심장을 걸어둔다

가로수처럼 도열한 전봇대와
산 아래 호수 졸음을 쏟아내는
기차는 오직 너를 향해 달리고

젖은 그리움 보송보송 탈수하여
은밀한 포만감 즐기는 가속도는
기다림 역으로만 미끄러져 간다

거기
그 자리
눈동자 미소가 서 있는 곳으로

Rainy day

만삭의 그리움 집 짓고 사는
텅 빈 가슴마다 비가 내려요

외롭고 고단한 삶 촉촉이
적시며 보듬는 사랑비가 내려요

차마 말 못 한 아픔도 붉은 생채기
자국도 빗물에 지우며 잊어요

삶의 희로애락도 생존을
수식하는 하늘빛 언어잖아요

비가 풍경으로 걸어오는 날은
그대는 비, 나는 우산이 되어
인생의 사계절 건너기로 해요

You're my best friend

듣고 들어도 또 듣고 싶어
눈빛 숨겨도 들키는 마음

말하고 또 말해도
영원히 고갈되지 않는
산소 같은 말 한마디

긍정과 열정, 용기를
달콤쌉쌀, 짭조름하게 버무려
동행하는 나그네 소풍길

You're my best friend!

그 말 한마디에 흔들리는 꿈과
희망, 삶을 수축 修築하는
영혼의 자양분이 되는 말

익어가는 가을을 줍는 말
You're my best friend!

2부

우체국 가는 길

나를 잊지 말아요

젖은 안개 탈수한 새벽빛으로
몽환적인 실루엣 데우지 말아요
봄꽃 연인 미풍의 입김도 사양해요

별이 뜨는 호수 눈동자와
그대 가슴의 파장 사랑하는 꽃
나는 찰나로 피고 저물어요

암막 구름 커튼 닫은 밤하늘
날개 접은 산새들 꿈꾸는 동안
밤 건너 새벽까지 몸단장했는데
그대 보기에 아찔한 매력인가요

호수 눈동자에 각인된 별빛 추억
그대여, 나를 잊지 말아요

찰나로 피고 저물어도
그대 심장의 파장으로 행복한
나는 겨울에만 피는 눈꽃입니다

삶의 연가

스텐바이 큐소리와 함께
날마다 부활하고 소멸되는
비움과 채움의 시소를 탄다

감성과 이성의 조율
기울어진 무게를 덜어
흰구름 속을 나비처럼 유영하고

열두 치마폭 풀어헤친
저녁놀처럼 터져 흐르는
라일락 꽃향기의 그리움도
굴뚝 연기처럼 피고 저문다

멀어지는 소멸의 추억을 딛고
부활한 오늘의 주인공으로
내일을 리허설하는 여행자

빛과 그림자의 숨바꼭질
도돌이표 음표를 연주하며
그대와 내가 부르는 삶의 연가

추억으로 걷는 의암호수

꽃바람 휘어진 자리마다
연초록 별들의 꿈 빚은
붉은 사랑의 도화선 의암호수

햇살의 음표를 연주하는
푸른 바람과 알콩달콩 무르익는
여름과 가을을 연모하는 숲길

물안개 피는 삶의 소풍 길
울고 웃는 사연을 덜고 채우며
터질 듯 부푼 가슴 여는 길

별빛 윤슬에 배 띄워
그리운 너에게 편지하면
바람처럼 달려온 너와 손잡고
추억으로 걷고 싶은 의암호수

달의 눈빛

알아도 모른 척 휘청거린
영혼의 생채기 바라보는 그대

보고도 못 본 척
들먹이는 어깨 그림자 지우고
가만히 다가와 토닥이는 그대

그의 이름을 알고
그의 이름을 불러주기 전부터
내 마음 기대는 쉼터야
사랑이야, 그대는

삶의 건반 조율하며
밤하늘 가르마 타는 그대
내 고마운 달의 눈빛이어라

푸른 옷소매

봉제선 잃은 푸른 옷소매
하현달처럼 닳은 시공의 마찰에도
어제처럼 널 지울 수 없는 건

밤하늘 하얗게 보풀 일으키며
궤도를 이탈한 본태성 그리움
비처럼 내린 별똥별을 핑계해

응달에 발 묶인 잔설 사이로
설핏설핏 미풍에 느끼는 태기지만
아직 남은 기도의 봄빛 출산이야

우주에 스치는 바람의 숨결마저
날개 접어 평온한 하늘 귀를 열어
무시로 묻고 답하는 꽃잎 안부처럼

낡고 푸른 옷소매 추억 꺼내
햇빛 사냥 나가면 허기진 그리움
후드득 날아가는 새 한 마리 고맙다

눈사람으로 오던 날

중절모를 눌러쓴 얼굴과 외투가
다가올수록 물러서는 전봇대와
가파른 어깨를 내려놓는 언덕길

눈을 맞으며 눈사람으로
걸어오는 그 사람 눈빛과 미소 따라
보폭을 맞추며 걷는 장미꽃 한 다발

우산을 펼쳐 함박눈을 가로지르는
인파 속에 오직 한 사람만 보이던
널뛰는 심장으로 읽는 푸른 그리움

눈사람이 가까울수록 멀어져
헐린 풍경과 어깨 낮춘 언덕에
마파람 불면 손잡고 걷는 추억

우체국 가는 길

중천에 뜬 햇살의 포옹에
언 가슴 힐린 눈물 발자국

아치형 육교 난간 그림자
얼굴까지 끌어 덮은 눈꽃은
빛이 굴절된 길 수북이 내준다

봄은 아니어도 돌돌 말린
꽃잎 여는 소리 꽃물 드는 향기로
마음 바다 출렁대며 가는 길

해를 등지고 걸어도 좋고
정수리에 이고 가도 흐뭇한
너에게 닿으려고 우체국 가는 길

눈길도 꽃길로 열리는
어느 겨울날 오후

너를 연주하던 날

하얀 반구형 건반 준비한 너와
식은 가슴과 가슴의 행간 채우는
사랑의 연주곡일 줄 예상 못했어

하늘 구름 같은 별채에서
훈장 외조부 선창 따라 천자문
구성지게 읊던 더벅머리 오빠들

색동옷 입은 소녀들이 널뛰면
고향 산천도 덩달아 널뛰던
먼 기억 속 퍼즐 외갓집 풍경화

눈 덮인 밭고랑 오르간 연주는
너와 흩어진 추억 개켜둔 서랍인 걸
반백 넘어 재회할 줄 미처 몰랐어

너에게 가던 날

산 그림자 걸어와 멈춘
언덕배기 너의 집에 가던 날

하얀 물안개 꽃 입술에 피어나고
눈동자 가슴 터지도록 와락 안긴
황홀한 별밤 잊지 못해 널 떠올려

숙성한 반죽처럼 부푼 겨울밤
녹슨 시간 얼굴 닦아 찾아보아도
대답 없는 농회색 하늘의 메아리

잘 지내냐고, 잘 있다고
푸른 시공간의 추억은 아니어도
낡아지는 묵은 말 전하고 싶은데

등 휜 세월에 감금된 넌 까무룩 해도
내 눈동자 가슴에 안긴 그 별밤은
시의 행간 연주하는 노래가 되었어

겨울 언 강물 소리

진회색 하늘 그물 뚫고 내려와
크게 벌린 너의 입술에 닿으면
허기진 위장의 강물로 침잠했어

날 저물어 해산한 노을 뒤로
몰래 숨어 우는 너를 듣는데
그땐 모르는 이유를 알게 되었어

관능적인 햇살의 애무에
심장 헐린 고드름 주저앉을 때
네 마음의 관절도 풀렸다는 걸

밤마다 옷 벗은 산을 붙잡고
속내 드러내며 울음 운 너를
그리움으로 듣는 언 겨울 강물 소리

가을은, 가을은 말이야

눈이 큰 빨간 고추잠자리
흰구름 유영하는 하늘 맴돌고
비포장도로 코스모스 하늘거리면

추억의 책장 넘기다 멈춘
그리움의 실루엣 자분자분
걸어 나와 가을 동화를 펼친다

마당가 우물가엔 긴 그림자 파초와
맨드라미, 백일홍, 봉선화, 분꽃이
피고 지던 엄마의 꽃밭이 보이고

문살에 창호지 새로 옷 입는 날은
코스모스 꽃잎 정갈하게 수놓아
순백의 겨울에도 가을을 노래했어

가을은, 가을은 말이야
들판에 풀어놓은 그리운 빛깔로
곱게 펼쳐 읽는 시집 한 권인가 봐

집으로 돌아오는 길

문의 단추를 끄르는 순간
투명한 그물에 포획된 바람이
지느러미로 시공을 흔든다

긴 머리카락은 공중 부양하고
얼굴을 가리고 열며 깔깔대는
스카프는 돋은 날개를 펼친다

문을 닫아도 허기진 바람이
삼킨 체온으로 종종거리는
걸음의 꼬리만 보이는 역사 풍경

사흘 후 부푼 꿈 싣고 달리는
기차표 한 장 어깨에 둘러메고
바람의 허리 접어 귀가하는 길

눈꽃 편지

까치발하고 기다린 산만큼
낡은 시간을 깁는 그리움이
첫눈으로 펑펑 쏟아지는 날

해를 등진 초교 운동장과
소나무 그루터기 쌓인 눈 위에
짧지만 긴 여운의 편지를 쓴다

포실포실한 눈꽃송이가
하르르 무너져 손글씨를 지워도
바람을 구부려 쓰는 심장의 언어

첫눈이 오면 너에게 쓰고 싶던
글자를 쓰고 나니 젖은 그리움
후드득 새 한 마리 되어 날아간다

죽을 만큼 보고 싶다

심장이 뛰는 동안
가시 박힌 통증의 너를

보고 싶고
만지고 싶고
느끼고 싶은
사랑의 체온인데

빗방울 발자국
하늘 가득 채우며
떠난 그리움아

잘 있는 거지
죽을 만큼 보고 싶다

(To : 지구별 너머 그리움아)

가을 역에서 만날까요

별이 기대 머물던 창가에
사분사분 남긴 그림자 발자국
바람이 품은 온기로 느껴요

호수를 탐닉하던 낮달이
꽃구름 손잡고 물 위를 걸을 때
시공 時空에 걸어둔 추억 옷 입고

기다림 하 길어 목 휜 해바라기
낭창낭창 허리 춤추는 코스모스
은발 풀어헤친 억새풀 사이로

숨긴 마음 들켜도
아니 들킨 척 그리움 뭉클 익는
가을 역에서 만날까요, 우리

물레방앗간에서의 하룻밤

초저녁 손전등 하나 들고
두 사람이 오순도순 걸어가는
서쪽 5리 남짓 물레방앗간

마을 벚나무 서낭당을 지나
우리 집 논도랑 물 지키러 가는
할머니와 어린 손녀의 하룻밤 동거

날 짐승 우는 산은 울타리처럼 가깝고
먼 강물 소리와 별밤을 베고 잠든
동심을 깨우는 아침 햇살이 기적이다

밤새 논 도랑물을 지켜 낸 할머니와
물레방앗간에서 보낸 하룻밤 추억은
손녀의 가슴에 별이 되어 흐르고
할머니는 하늘의 별이 되어 흐른다

꽃이고 별인 그대 있음에

어느 행성 중력으로 머물다
바람의 문빗장 끄르고 온 거니

천년 얼음 가시 박힌 고독
달빛 심장으로 이식하면
푸른 정맥 태동하는 전설처럼

노을진 시공을 가로질러
손잡고 해진 꿈 다시 깁는
꽃이고 별인 그대 있음에

바람이 잠든 물비늘 호수에
빛이 그린 사랑 수채화처럼
지구별 여행의 축복을 감사해

눈꽃 종착역에서

바람의 차창에 사계를 갈아 끼우며
열한 개의 간이역을 꿈처럼 지나
열두 번째 종착역에 도착했다

한 해를 갈무리하는 눈꽃 종착역에
아롱다롱 꽃 핀 소망을 꾸리며
부푼 꿈을 새해로 나르는 인파들

떫거나 쌉싸름하고 달고 매운
인생의 맛을 버무려 동승(同乘)한
열두 개 간이역 사계 기찻길 여행

돌아보면 영근 아쉬움과 그리움이
강물 속으로 주저 없이 뛰어들어
붉은 물비늘 건반을 연주한다

365일 울고 웃는 삶의 수채화
미소와 사랑, 우정으로 채우며
새해로 출발하는
12월 눈꽃 종착역에서

사랑한 지 오래죠

시간의 더듬이로 감지한
낯익은 그리움의 숨결처럼
열어놓은 창가로 불어와

느슨해진 피부의 솜털을
청량한 웨이브로 보듬는
갈바람에 온몸 내줍니다

폭양에 붉은 얼굴의 대지와
꿈 익는 들녘의 오곡백과도
이슬로 행복을 보습하는 밤

천년을 기다린 그리움처럼
청량한 웨이브로 보듬는
갈바람을 사랑한 지 오래입니다

3부

내 그리운 친구여

빗금치는 눈발의 저녁

그늘에 유배된 결빙의 혁명처럼
고삐 풀린 눈발이 유리 거울을
흘끔흘끔 쳐다보며 뛰어내린다

솜털 보송한 댕기 머리 봄 아씨
입술연지 바르고 유채색 저고리
치마 입은 기다림 무색한 시간

빗금 치며 달리는 눈발의 저녁
이중 레이스 커튼으로 닫으며
널뛰는 추억도 진공포장한다

지구별 여행 사계 풍경이
진통 없는 해산은 없는 거라고
밑줄 친 봄의 행간 뒤로 미루는
바람 불고 눈발 내리는 날

사랑의 방정식

수화기 너머 꽃잎 음표 달고
바람의 건반 연주하는 목소리

듣고 또 들어도 생애 처음인 듯
입꼬리 귀에 걸며 감격하는 말

냉정과 열정을 믹스해 마시는
커피 향처럼 영혼 흡인되는 말

알아도 모르는 척
달팽이관 고정하는 말
사랑해 너를, 지구별만큼

새벽달

밤을 닫은 커튼 사이로
따뜻한 체온을 내밀어
잊고 지낸 너를 읽는 새벽

충만한 몰입의 사랑일 땐
널 보고 잠자고 눈떴는데
창밖 계절이 누명을 쓴다

궁핍한 변명 토닥이며
빌딩 난간 수직 보행하는
온유한 광채에 흡인되는 나

새벽달아, 알고 있지
널 꺼내 쓰는 달빛 문장과
내 눈빛 담은 사랑 노래를

인생의 정답

이 세상 누구라도
지름길은 몰라요

인생의 정답은 없고
정도를 향해 살아갈 뿐

필수 비타민 경험과
자연이 삶의 힌트죠

행복한 삶의 기준을
지혜로 조율하는 방법뿐

정답 모르고 떠난
인생 행보가 서툴지만

더 아름답고 충만히
익어가는 인생이기에

마로니에 가로수 길

뉘 부르는 소리에
뒤돌아보면 마른 눈물로
흐르는 단풍비 발자국

긴 머리카락 스치는
손길 뉘 님일까 돌아보면
그믐달처럼 등 휜 나뭇가지

걸음 옮길 때마다
바스락바스락
온몸으로 시를 쓰는
마로니에 가로수 길

너는 나의 심중에
한 생애를 비추는 거울이며
서간체 자서전이구나

내 마음의 파랑새

어깨와 등으로 단풍비처럼
흐르는 너의 별빛 안부를
가슴으로 듣고 읽어

붉은 노을과 바람 비구름도
잠자는 별나라에서 잘 지내지
나도 너처럼 잘 지내

홀연히 떠난 너를 볼 수 없어
낙심하고 방황한 현실에서
눈물 자국 지운 것도 너인 걸 알아

잊으려 할수록 선명히 떠오르고
둥둥 울리던 목소리 미루나무처럼
키 큰 널, 심장에 이식했어

다시 볼 수 없지만
넌 나와 숨 쉬고 노래하고
춤추는 내 마음의 파랑새야

하늘 비상하는 날개를 보고
앳된 음성 듣노라면
너는 다시 태어나 내 품에 안기는
사랑스럽고 귀여운 파랑새

내 가슴에서 뛰놀고
잠드는 영원한 파랑새야

연주 봉사자 '성희' 동생

눈송이를 만지고 노는 손주를
바라보는 그녀에게 안 돼요
장갑도 안 낀 맨손 꽁꽁 얼어서

언 바람이 햇살의 그물을 뚫고
스치는 계절에 꿈처럼 우리는 만나
시와 연주 봉사자로 소통한다

음악회가 열린 시월 어느 날 밤
무대 맨 앞자리에 나란히 앉아서
손 꼭 잡고 감상한 추억을 쌓은

정다운 이웃사촌 '성희' 동생은
노래와 연주자로 재능 기부하며
세상을 따뜻하고 밝게 품을 줄 아는
사랑스러운 미소의 주인공이다

6월 그대에게

바람 속으로 오려거든 그대
별이 저문 소양강 밤안개
말갛게 지우고 새벽처럼 오라

거미줄에 걸린 창백한 달빛
흔들리며 산과 호수를 건널 때
그대 하늘 구름 미끄러져 오라

달 가고 해 기울어 시간 녹슬어도
향기로 피고 지는 인연의 숲길에서
오롯이 들꽃 한 송이로 살고 지고

바람 속으로 오려거든
그대 세상 근심 쉬게 하는
초록 잎새 지느러미 팔랑대는
향기로운 6월의 숲 열고 오라

시와 가곡, 김은혜 작곡가님

눈을 감고 들어도
눈을 뜨고 들어도 들을 수록
깊어가고 익어가는 가을처럼

밤이면 별들의 천장이 내려와
동화 속 나라를 꿈꾸고
아침이면 뽕나무밭을 지나
강둑에 핀 야생화와 아카시아 나무
즐비한 고향 풍경처럼 평화롭고

초록 강물에 풍덩 빠진 앞 산처럼
바람결에 일렁거리는 물속으로
보이던 나뭇잎의 부드러운 떨림처럼

성스럽고 신비로운 노래에
거침 없이 침잠하는 행복에
세상 시름 잊고 기쁨에 잠기노라

- 바람이라면 좋겠네 - 詩가
작곡가님 곡을 옷입고 세상을 걸어나와
빛과 향기가 되는 감동의 도가니에
나를 방대하게 풀어놓고 누리는
이 찬란한 가을을 모든 이와 나누며
노래하고 춤춥니다

내 그리운 친구여

자주 만나 얼굴 보며
눈 맞추고 얘기하는 그런 우정
아니라도 나는 괜찮소

무심히 흐른 10년
세월 가르마 타고
바람처럼 달려와 준 코스모스 닮은
그대들 있음에 나는 만족하겠소

춘천 시립합창단 가곡 음악회
막이 내린 시월의 밤 유리 벽 넘어
달님도 휘청거릴 만큼 까르르까르르
새벽을 달리던 웃음소리 행복이잖소

우정의 새 역사를 쓰고 간
'영림'과 '순자'가 그리울 때마다
가곡 음악회의 별빛 추억을 회상하며
내 가슴 뜨겁게 그대들을 사랑하오

만추 저물어 함박눈 펑펑 쏟아지는 날
벽난로가 있는 카페에서 소양강
바라보는 환상적인 재회를 꿈꾸오

녹슨 세월에도 변함없는 친구여
내 그리운 친구여

잊지 못할 시월의 가곡 음악회

첫 시집에 수록된 '바람이라면 좋겠네'
시 1편을 춘천시립합창단에서
가곡으로 작곡하여 문화예술회관에서
시립합창단 음악회로 발표되던 날

양구에서 밤길 멀다 않고 자동차로
수고해 준 경자 벗, 명자, 윤애, 성자,
정숙, Lisa, 차몽희 부부, 존경하는
김용원 은사님, 문우 춘자, 4시간
거리를 달려온 친구들과 이웃 동생

약한 시력의 눈과 발이 되어준 친구,
시월의 밤 가곡 음악회에 오셔서
축하와 격려를 주신 벅찬 감동과 우정
평생 간직하며 더욱 정진할게요

천상의 목소리 춘천 시립합창단원들과
최상윤 지휘자님, 詩에 음표를
달아주신 김은혜 작곡가님 감사해요

평생 잊지 못할 가곡 음악회
사랑하고 축복하며 기도합니다

보라색 별의 이름 수국

몽글한 안개와 고즈넉이
펄럭이는 무지개 휘장 너머
먼 하늘 어디에 머물다가

비밀하고 설레는 마음 문
달빛으로 열고 바람 가르마 타며
두렴 없는 사랑의 별로 닿은 거니

호수에 놀던 풍경화 실루엣 접어
열두 폭 치마 붉은 적삼 풀어헤친
저녁놀처럼 퉁퉁 불어난 그리움으로

낮달 유영하는 코발트빛 하늘과
붉은 물감 입은 너를
사랑의 도화선이라 부를게
너를 보라색 별 수국이라 부를게

여우비

보고 싶어 가린 두 손으로
잊는다 하며 꿈속에서도
못 잊는 그리움도 아닌데

털 세운 꼬리 싹둑 자르고
산야 흔드는 파장도 감추고
살금살금 저 홀로 내리는 비

보여 봐 원초적 본능의 눈빛
소리쳐 봐 달빛 철렁하는 목소리
하늘 실루엣 한 뼘도 못 가린 채

베란다 난간에 물방울 보석
음표로 걸어놓고 가을날 하루
야금야금 베어먹고 달아난 여우비

누구라도 내가 되어

걸어온 나날의 어제보다
걸어가는 나날의 미래가
짧다고 느낄 때 알겠더라

지난 연민과 후회 집착 말자며
해진 꿈과 희망도 축복이라고
묻고 다짐하는 자아의 모습에서

밤하늘에 하얀 보풀 일으키며
궤도를 벗어나는 별똥별처럼
순간이 점철된 생의 퍼즐이더라

먼 추억과 그리움을 보듬고
갱신 불가한 세월을 인정하며
불완전한 진행형의 삶이라는 걸

내가 나에게
지혜와 사랑으로 용기 주며
녹슨 꿈과 희망 반짝반짝 닦아

화사한 꽃비 내리는 봄길과
초록 열매 익는 단풍길을 지나
눈 내리는 길 담담히 걸어가자

무임승차 했을 뿐

덜컹 바람이 열어준 틈새로
샛노란 지느러미 팔랑대며
줄지어 바닥을 헤엄쳤을까

사랑에 목숨 걸던 황금빛 생애가
오가는 발자국에 수북이 밟혀도
갈바람에 떠밀려 무임 승차했을 뿐

달팽이관 닫고 연민 없는 눈빛만
한 소쿠리 짊어진 노을의 어깨와
나란히 동승한 샛노란 은행잎

덜컹이는 별빛 호수 마을버스가
어제로 저문 그리움을 회상하며
오늘의 가을 날개를 싣고 달린다

그 너머엔 첫눈 왔나요

기다려도 오지 않는
너의 숨소리 발자국에
채널 고정한 밤이 지나고

부푼 가슴 누르며 다가선
창밖엔 비닐 파도만 출렁이고
그림자 흔적조차 볼 수 없는 너

서릿바람 입김으로 훅 불면
만삭의 구름 해산한 첫눈 꽃송이
그리움처럼 안길 줄 알았는데

그래 뭐, 한겨울 너랑 뒹구는
러브 스토리 추억 얼마든지 허락된
호반의 도시인데 더디다고 재촉말자

하늘에 내민 기다림 알아
꼭 오고야 마는 첫눈인데
저기요, 그 너머엔 첫눈 왔나요

아픈 너에게

언어를 별처럼 삼킨
천년의 동굴 속 절규
찢어진 가슴의 사람아

하늘이 도구로 허락한다면
사랑의 입술과 눈물이 되어
너를 표현하기를 기도했어

아픔 있는 곳에 치유가
상한 마음에 평화가
새순 돋는 봄빛이기를

어느 하늘 아래 머물던지
눈동자 발자국 닿는 곳마다
사랑과 꿈, 희망의 연주곡
선명히 들리기를 기도한단다

우리 동네 공지천의 봄

봄날의 정수리 가르마 타는
바람의 언덕에 감미로운 햇살과
풀꽃 내음 향기로워 홀로 걷네

몽환적인 물비늘 건너도 보고
일몰이 주저앉아 우는 강물에
해진 청춘 핑계해 울기도 하네

사람은 흔들리는 갈대라지만
공지천의 봄은 애오라지 꽃 피우고
새 기르며 물고기의 모태로 흐르네

누군가의 아픔을 보듬고 나누는
작은 사랑마저도 강물이 부르는
생명의 노래를 듣고 배우며 알아간다네

심해에 뜨는 무지개

별을 스친 바람처럼 잊고 지낸
실어증 걸린 너의 기억을 뒤적여
조우하는 얼굴과 몸의 실루엣

소홀한 핑계 진실하게 기워
심해의 추억을 따라간 발자국
하늘 무지개 사모한 너를 본다

퍼렇게 날 선 파도를 견딘 등짝엔
운집한 바위의 파편이 박혀 있고
더듬이로 살던 생애를 비우고도

너의 우주를 감싼 노스탤지어
소망의 무지개에서 결핍된 삶을
반영하는 축복과 열정을 독해하며

심장에 박힌 가시 두어 개쯤
목숨 다하도록 사랑해야겠다
너를 만난 눈부신 자각으로

4부

가을 소녀의 별 헤는 밤

그대가 바로 한 사람이죠

아카시아꽃 향기론 숲길로
또닥또닥 떨어지는 빗소리를 들을 때
우산을 함께 쓰고 걷고 싶은 사람

휘영청 밝은 달빛 아래
춤사위 펼치는 갈대의 노래를
들을 때 함께 듣고 싶은 사람

아침 풍경을 문지른 안개가
한 겹 두 겹 벗으며 드러내는
실루엣을 볼 때 함께 보고 싶은 사람

아침에 내리는 원두커피 향처럼
가슴 촉촉이 적셔주는
단 한 사람의 그대랍니다

내가 나를 여행하는 동안

전혀 모르는 타인처럼
잘 지내지
괜찮은 거지
내심 들키는 안부를 묻는다

넌지시 마음 끄덕이다가
고개를 좌우로 젓다가
관조의 미소 한 다발 꽃피운다

작금인 듯 선명한 추억들이
퍼즐을 맞추며 허리를 세우고
애틋한 그리움이 별처럼 돋아나도

익숙한 듯 낯선 자화상이
불쑥 질문하면 시침 떼고
태어나 처음인 듯 헤는 나이테

팔랑이던 은빛 날개에 그물 던지면
호수에 피어오르는 물안개처럼
파도에 번진 노을처럼 흘러내려도

내가 나를 여행하는 동안
아가페 사랑과 은혜 나눠야 할
삶의 숙제만 현재 진행형이다

널 위해 부르는 노래

마음 문 열고
잠시만 귀 기울여 봐

저녁 강물처럼 외로운 널
안아주지 못한 내 마음도
그믐달처럼 야위어 가고 있어

한 번도 잊은 적 없는 사랑아
그만 아파하고 지그시 눈 감고
널 위해 부르는 내 노래를 들어봐

달이 가고 해가 바뀌어도
사랑하는 마음 하나뿐인 걸
잘 아는 너에게 닿을 수 있기를

오늘도 부르는 이 노래가
너의 가슴에 숨 쉬고 잠자는
사랑 노래가 되기를 기도해

남은 꿈이 너라는 하늘

시간의 지문이 낡아도
너만큼 생각나고 보고 싶어
습관처럼 뒤적이는 밤하늘

가슴에 담기 비좁아
하늘에서 너를 보는 날은
그믐밤에도 보름달 웃음
울타리에 걸어두는 거 알고 있지

멀어도 닿을 그 거리 즈음
바람의 의자에 기대 쉬어도 좋고
동산의 무지개로 내려와도 좋아

눈뜨고 잠든 바다에서 건지는
새벽노을처럼 웃을 수 있는 건
남은 꿈이 너라는 하늘이 있어서야

내 이름 아시나요

이지러진 그믐달과 별밤에도
뜨거운 심장으로 얼음장 녹여
지구를 밀어 올린 꿈 보이나요

푸르게 기립한 모세혈관에
투명한 햇살과 미풍 옷 입고
꽃봉오리 여는 숨결 들리나요

가슴 부푼 미소로 다가와
발그레한 볼 어루만지는
그 손길 기다리는 봄꽃이란 걸

하늘바라기 간절한 눈빛으로
꽃 대궁 훌쩍 세우고 입술 여는
나는 그대가 사랑하는 봄꽃입니다

빗방울 소나타

바람을 성글게 묶고
우산으로 가린 하늘 경계를
연주하는 빗방울 소나타

타는 목마름 해갈 대신
중력을 조율하는 초록 잎새가
무너질 듯 휘어져도 바라볼 뿐

못다 한 사연 두루마리 접어
창파에 배 띄워 보내면
버선발로 마중 오는 그리움일까

프레스토 안단테 연주하는
빗방울 소나타에 무릎 베고
스르르 잠든 그날 푸른 미소처럼

누명 씌운 계절을 벗으며

각혈하듯 토해낸 별빛 언어들이
장마에 얼룩진 빗방울을 헹구고
내 영혼의 묵은 텃밭을 기경한다

계절을 누명 씌운 서재에서
목 긴 기다림을 애무하듯
침상으로 옮겨와 별 헤는 밤

목숨처럼 쏟아놓은 책갈피엔
생의 비늘에 기생하는 외로움과
시린 그리움이 노을처럼 터져 흐른다

감성을 옷 입는 실루엣만 다를 뿐
한데 어우러져 지상의 꽃이 피고
밤하늘에 은하수가 되는 이유를

누명 씌운 여름을 벗고
만월처럼 떠오르는 미소의 책장을
넘기며 배우는 감사의 가을이다

구수하게 익은 아침 내음

구김살 없이 퍼지는
달보드레한 꽃향기도
클래식한 향수도 아닌

이른 아침을 구수하게 깨워
심신의 기쁨과 행복을 약속하는
세상에서 가장 아름다운 초대장

파스텔 톤 오곡이 어우러져
예약한 시간의 기차를 타고
기적소리 울리며 탄생하는 향취

새벽달이 빠진 우물을 두레박으로
건져 밥 짓는 어머니의 아침처럼
푸근하고 아늑한 고향 내음

한국인의 숨결 같은 사랑의 향취
리듬 타는 기차 여행 즐겁게 마치면
구수하게 익어 깨우는 아침밥 내음

사랑비로 오는 동안

기별 없이 날아든 안부처럼
경사진 시간의 숲을 자르며
들려오는 마음 발자국 소리

웃자란 나선형 사유의 퍼즐이
풀피리 바람 등 뒤로 빗어 넘긴
햇살의 온도를 연주하다가

팝콘처럼 터진 꽃미소가 되고
노을 삼킨 저문 바다의 지느러미
파도로 밤새 자맥질하는 모국어

네가 사랑비로 걸어오는 동안
뭇별의 잇단음표 마르고 닳도록
널 위해 부르는 연가로 흐를게

원초적 본능의 고백

밀봉된 너를 여는 순간
오감을 연주하는 향기에
입술 밖으로 고백하고 말았어

폐부 깊숙한 밀어 음미하려고
파도치며 생성한 기포를 덜어
머그잔에 융해된 너를 홀짝이면

해를 연모하며 피어난 벚꽃과
우아한 실루엣의 목련 아니어도
뜨거운 입맞춤에 나른한 가슴

달의 뒤편처럼 너를 끄르는 순간
원초적 본능으로 고백한 커피 향이
지구 별을 흔들 만큼 영혼 벅차다

가을 소녀의 별 헤는 밤

노을 밑단을 어둠이 봉제하면
여린 숨결에도 남실거리는 호롱불 켠
평상으로 별들의 천장이 내려왔지

뽕나무밭을 지나 아카시아 나무
즐비한 둑방아래 강바람 홑이불처럼
덮으면 손에 잡힐 듯한 너의 광채

자두와 복숭아나무 가지 휘어진
돌담 아래 엄마 손맛 익는 장독대와
뒤란 문 창호지 바늘로 송송 뚫어
글자 새긴 틈새로 와르르 쏟아지던

초저녁 별밤 천장 하 그리워
녹슨 기찻길보다 붉은 시계태엽
거꾸로 되감는 빛바랜 귀밑머리
어느 가을 소녀의 별 헤는 밤

빗소리 발자국

자분자분 사랑으로 구속하는
빗소리에 나를 맡기고 잊어요

밤하늘에 올 풀린 줄 하나
선명히 긋고 사라진 별똥별 추억이
댓돌에 놓인 신발을 걷게 해요

지붕에 박꽃 하얗게 흐드러지고
오순도순 한 상에 둘러 앉았던
별들은 하늘 풍경으로 돌아가고

오늘처럼 비가 내리는 날은
사랑으로 구속하는 빗소리 발자국에
흔들리는 중심의 나를 풀어놓아요

빗물 고인 꽃잎의 속눈썹에도
풀잎의 가녀린 떨림에도
그대의 독백 들을 수 있도록

기다리는 마음

내 마음 알면서 왜 이리 더딘지
보고 싶은 장대 그리움 휘청이며
동구 밖 그림자로 서성이는데

달빛 거울 분단장 길어 못 오는지
햇빛 눈부셔 어둑새벽에 오려는가
기별 없는 너를 바람결에 묻는다

서두르는 네 마음 알면서도
지구를 들고 올라오는 봄꽃 숨결에
귀를 대고 가슴으로 안고 싶어

긴 목
학처럼 더 길어진 후에
대지에 뭇별로 뜨는 너와

새벽빛 허물며 초롱한 눈동자로
꿈 싣고 사랑 채워 향기 진동하는
봄꽃 너와 입맞춤 나누고 싶어

부디 잘 가요

그믐달처럼 몸 휘어 울지 말고
야윈 어깨로 긴 한숨 토하지 말고
사랑한 추억만 가지고 떠나세요

만남의 기쁨과 소망의 눈꽃 피우고
우리 서로 기댄 가슴 따뜻했던
연정 달빛 문고리에 걸어둘게요

천상을 유영하는 설빙 구름과
바람의 그물 팔딱이던 젊은 생애
황홀한 기억만 채워서 떠나세요

하루하루 대문 여닫으며
울고 웃던 저문 그대가 출산한
새벽 여명의 봄빛 음표 사랑하니

그늘진 눈빛과 볼 야윈
하얀 겨울 그대여, 부디 잘 가요

흔들린다는 건

감성과 이성의 충돌은
분홍색 리본을 풀지 않은
희망과 꿈의 선물 상자야

송두리째 흔들린다는 건
사유의 구심점을 찾아가는
축복과 은혜의 여행인 게지

물음표와 쉼표 사이에
도출한 여백을 채우는
사랑과 감사의 노래인 게지

감성과 이성의 충돌이 지나가면
보고 듣고 느끼고 알게 되지
흔들리며 가지 않는 삶은 없는 거라고

사랑으로 오소서

황금빛 노동의 계절을 마치고
안개 이불 덮고 잠든 빈 들에
사랑을 연주하며 오시는 이여

그 바람과 사랑으로 오셔서
만추의 빈들처럼 겸손하게
순백의 계절 건너게 하소서

대지의 숨결에서 성숙을 읽고
영혼의 귀가 열려 하늘 음성 듣는
지혜와 감동의 드라마로 오소서

추억 벗은 고독 흔들어
뿌리를 견고히 묶는 계절에
은혜 충만한 사랑으로 오소서

시월이 전하는 말

잠시 눈 감고 기대
쉴만한 어깨와 등 괜찮다면
좁아도 빌려주실래요

휘모리장단 갈바람에
종이배로 떠나려 가다가
한 때는 목숨 건 사랑도 있음을

회상의 쉼표로 묵상하고파
빌릴 수 있냐고 물었는데
두께와 너비는 걱정 말아요

시월의 문빗장 여는 순간
숨 같은 빛과 그늘 교차해도
사랑한 추억 하나로 자족해요

그대는 내가 이미 날개 접어
머물다 떠남을 인정하는
시월의 비빌 언덕이고 우주인걸요

봄바라기 마음처럼

야윈 등 돌려 숨기지 않고
중천의 햇살 부둥켜안고
소리 없이 울던 너

그림자 발자국 찰방대는
키 낮은 호수로 머물다가
해설피 바람에 젖은 눈물
결빙하는 달그락 소리

한낮엔 봄 아씨 품은 꽃바람과
오순도순 걷고 어스름 저녁이면
열린 동공 수축하는 두 마음

남겨진 기다림 꿈과 희망으로
꽃필 즈음 보송한 구름 하늘에
두둥실 띄우고 너에게 화답할게

기다려 줄 수 있니
순수한 봄바라기 마음처럼

그녀 이름은 명자

가슴 떨리던 기다림은
저만큼 멀어지며 울먹이는
그녀를 연민으로 안아줍니다

잘 가라고 잘 있으라고
입술만 파르르 움직이는
호수에 낮달 같은 언어

이른 봄날 가장 눈부신
도발적인 붉은색 드레스에
노란 립스틱 짙게 바른 명자꽃

4월의 매혹적인 그녀가
바람 속으로 걸어가던 날
별 하나에 그리움 걸어둡니다

하얀 겨울에 핀 눈꽃을 지우고
가슴 떨리게 재회할 명자꽃 그녀를

5부

사랑과 그리움의 테마

만월 滿月 사랑

바람 갈아 끼우는 유리창에
못 본 너의 얼굴 그리워
허기진 거미처럼 출렁이는 물음표

도열한 나무 그림자 딛고 올라선
널 보는 순간 나온 외마디
너 참 둥글고 예쁘구나

열두 달 꽃피고 저문 추억
그리움의 분화구 두려워
너보다 먼저 등 보이는 내 마음

몰라도
알아도
눈동자 가슴에 걸어둔 독백
시의 행간 여닫는 우정으로
눈 맞춤하고 잠드는 만월의 여름밤

사랑과 그리움의 테마

어디서 오는지
어디로 가는지

세월의 강물 스치는 바람처럼
알 수 없어도 혼자는 외로워
사랑을 소망하며 꿈을 꾸네

안개처럼 떠나가는 슬픔에 울고
가슴에 뜨는 무지개처럼
다가오는 기쁨을 노래하네

보내지 않아도 저녁노을 담아
흐르는 소양강물의 긴 서간문
부르지 않아도 새벽노을 담아
태동하는 삼악산 향기론 노래

사노라면 장대비 외로움
그대 눈동자 가슴에 기대고 싶어

열망하며 부르는
그 이름, 그 노래
도돌이표 사랑과 그리움의 테마

설렘의 파장을 사랑하며

거미줄에 걸린 석양의 파장처럼
해를 등진 안개와 구름꽃 피울 때
은둔한 그리움 알아야 했어요

깊게 파인 고독이 사치로 자라나
나선형 희망가로 하늘 오를 때
그는 다만 투명한 눈물 꽁꽁 엮어

빗방울에 퉁퉁 불어난 기다림
사부작사부작 하얀 눈꽃 피워
들뜬 속내 보듬어야 했어요

서두른 혼돈이 길 위에 길을 낼 땐
본능이 출발한 별자리로 돌아가
사랑의 귀를 걸고 들어보세요

불안한 눈빛과 널뛰던 심장도
햇살의 미소로 봄 마중하는
설렘의 파장 사랑하게 될 테니까요

흔들리는 여름밤

착지를 잘못한 거니
아직은 한 참 이르잖아

들리지 않던 노래가
달팽이관을 미끄러지며
개켜둔 추억을 나열한다

그래도 이건 아니잖아
열창하는 매미의 세레나데도
장맛비 위장이 삼켜버렸어

긴 여름의 혓바닥이 아스팔트
길을 엿가락처럼 휘는 날씨거든

달빛 없는 창가 그물 사이로
귀뚤 귀뚜 루루 귀뚜루 루루
열린 귀를 닫는 흔들리는 여름밤

길모퉁이 카페

나무 그림자가 길어진 오후
활처럼 등이 휜 바람 속으로
6월의 꽃처럼 걸어오는 미소

새벽 바다의 찬바람을 문명으로
충전한 카페에서 마시는 커피잔에
그녀들의 수다가 해 시계를 돌린다

친구의 친구를 처음 만나도
작금의 인연처럼 끄르고 나누는
삶의 풍경화를 사랑하는 중년

별 하나의 추억과 달빛 그리움도
커피 한 잔에 타서 마시면 부활하는
길모퉁이 카페의 행복이 벌써 보챈다

7월의 짝사랑

바람 느린 풍경은 지쳐
액자의 소묘로 걸어가고
새들도 그늘에 날개 접은 시간

이중 망사 커튼을 치렁하게 닫은
거실 공기마저 은밀히 달구는
농염한 애무에 겉옷을 벗다가

몽롱한 기억의 약속을 꺼내
그의 격정적인 몰입에 나른한
몸을 세워 문명의 바람을 켠다

시침이 굽은 허리를 세울 즈음
하늘 장대로 폴짝 뛰어넘고 싶은
해진 기억 수집하는 7월의 짝사랑

사랑하는 이유

맑디맑은 연주 소리가
단잠에서 눈 뜬 귀를 휘감아
스르르 마음 주고 말았어

들키고 싶지 않고
들켜도 되는 모호한 경계에
컬러 포스트잇 두 장 사용할게

새벽 빗방울 발자국 소리가
왜, 처음 듣는 음악처럼
또록또록 신비롭고 아름다울까

내 생각
너의 방정식으로 풀어도
사랑하는 이유는 말이지

마음 건반 연주하는
가을 빗방울이라서 그런가 봐

편지의 해독 解讀

비 오는 날은 창가에 앉아
방울방울 얼룩진 독백을
그대 사랑으로 해독하고

까르르 웃는 햇살 눈금자 꺼내
나무 그림자 키 재기 하는 날은
잎새에 담긴 초록별 연서 읽으며

휘파람 부는 바람 춤추는 날은
잠든 호수를 깨워 노래하는
들꽃 향기로 부친 엽서를 읽고

느린 보폭의 안개 자욱한 날은
만삭의 그리움 쩔뚝대며 떠난
그대 기도로 해독하며 읽어요

해바라기 연정

천둥번개 치는 폭풍우에도
숭숭 구멍 난 상처 매만지며
그렁한 눈물로 올리는 기도뿐

휘영청 달 밝은 밤에도
별들이 쏟아지는 밤에도
애오라지 태양 바라기 사랑

노란 해바라기
외줄기 사랑 식을 줄 몰라
속울음 삼킨 가슴엔

까만 알갱이 보석으로
죽도록 사랑하고 사랑했노라고
에둘러 고백하는 해바라기 연정

빗방울 소나타 2

물안개 피는 커피 한 잔 들고
유리창에 얼룩진 손 글씨
식지 않은 체온의 너를 읽어

바람의 그물에 걸려
해산한 비구름 유리 벽 넘어
봇물처럼 흐르더니
울타리 나무 사이로 열리는 하늘

연둣빛 추억 입에 물고
완숙한 여인의 초록 실루엣으로
바람의 노래를 부를 때

커피잔에 흘러넘치는
파도 그리움 빗금으로 누이는
한여름 빗방울 소나타

초저녁 별 사랑의 추억

붉게 타던 저녁놀 스르르 눈 감으면
낮잠 자던 지붕의 박꽃 하얗게 피고

둥지로 날아간 새들의 노래
고래 등 같은 산들이 어깨동무한
마을을 내려온 뭇별의 천장 황홀했어

솜털 보송한 소녀의 하얀 이마와
속눈썹에 닿을 듯 가깝고 손 내밀면
이내 멀어지는 초저녁 보석들

질화로에 쑥 피운 매캐한 향기로
모기를 쫓던 여름밤 구수한 옥수수와
찐 감자, 목 축이는 오이냉국 수저에
휘영청 밝은 보름달 눈으로 떠먹었지

반딧불 포물선 긋는 여름꽃 꿈 익는
우물가 마당과 마루, 뒤란, 문지방
댓돌에 신발 졸졸 따라다니던 별아

한여름 밤 초저녁 영롱한 별들은
문명에 상실한 꿈마저 포용하며
귀밑머리 허연 여인의 가슴으로
걸어와 밀린 사랑의 추억 선물하네

커피가 진한 이유

성근 별처럼 엷게
지우던 기억의 너를

바람이 숲으로
눕지 않은 해거름에
조금만 그리워하기로 했는데

아,
어찌하나요
어쩌면 좋을까요

갈색 커피잔에
치사량의 추억을 타고 말았어요

부러진 단잠 뜬 눈으로
창백한 가로등과 또록또록 빛나는
눈동자의 새벽달과 조우할밖에요

경포 밤바다의 추억

노을 비낀 바다를 핥는 밤바람이
머리카락과 원피스 자락 사이를
무례히 들춰도 다만 사랑이에요

지상에 뜬 현란한 별빛 너머로
솔향기 실루엣 보듬고 흐르는
월광 아래 젖은 그리움 헹구는 길

아찔한 첫 키스 닮은 추억으로
밤새 옆구리에 끼고 걷고 싶은
활어의 아침 바다 동공 여는 길

초록 물감 덧칠하는 잎새 별처럼
밤바람 지느러미 팔랑대는
눈 감아도 보이는 그 솔밭 행간

사랑 채운 만월의 음표 연주한
경포 바다의 추억이 귀갓길 유리창
빗방울 사이를 또르르 걸어 다녀요

마지막 잎새와 첫눈

낮달도 꼬리를 숨긴
푸른 화선지에 애증의 혈서로
버티는 마지막 잎새와

웨이브 진 속눈썹에 투신해
언 몸 사르르 녹기를 간청하는
첫눈의 비행이 동거하는 계절

그믐달처럼 등 휘며 매달린
설핏한 잔상마저 안개로 지우는
서릿발 찬바람에 어쩌란 말이냐

초점 흔들리는 야윈 모습
뒤태도 보이지 말고 떠나라
첫눈 기다리는 눈동자 초롱하다

너라는 창문

얼룩진 빗물 자국 유리창에
안개와 바람의 단추로 여미고
다시 꺼내 쓰는 행간의 그리움

움푹 파인 달의 뒷면처럼
밀어내는 내 마음에 머무느라
삐거덕거리는 너의 관절도

내 마음 기대 쉬는
벤치가 있는 가을꽃 화원에
두렁 만들어 풍경으로 심으면

너는 바람의 노래에
물꽃으로 피어 노을로 저무는
내 마음 행간 여닫는
또 하나의 하늘 창문이구나

가을 커피 한 잔의 추억

우주의 시공간을 꿈꾸고 사모한
진갈색 입자가 기포를 뿜는 물과
종소리 나도록 왈츠를 추고 나면

머그잔에 우러난 커피 향 따라
솜사탕 구름에 운둔한 그리움이
나풀나풀 걸어 나와 입맞춤한다

삶의 나침반 흔들려 길 잃을 때
헝클어진 마음 쏟는 대나무숲이고
사랑하는 사람의 팔 벌린 가슴

소양강 물안개와 단풍을 압축해
우려내 마시는 가을 커피 한 잔은
심장 박동이 귀를 삼킨 종소리와
뭇별이 맴도는 첫 키스를 닮았다

그리움과 사랑의 강물

초록 얼룩무늬 바탕에 알알이 박힌
진주처럼 하얀 밥풀을 보는 순간

동요 속 계수나무 마을 달나라에서
떡방아 찧는 다정한 토끼 두 마리와

앞산 메아리 키우며 손절구에
따뜻한 찰밥 찧어 고소하고 쫄깃한
식감의 엄마표 인절미 도시락

구슬땀 손등으로 훔치며
딸의 생일 떡을 만든
엄마 모습이 오버랩되어

둑 무너진 그리움과 사랑의 강물
발원지로 나를 흘려보내며 웁니다
엄마! 엄마 보고 싶어요

당신의 초대장

밤새 젖은 그리움 지우려고
거미줄에 낮달 걸린 숲을
보송하게 흔드는 바람인가

물수제비 떠서 보낸 별빛 추억은
초록 지붕 가로수 길을 걸어 나와
투명한 날개 그림자로 스며들고

청아한 풀피리 음표의 산수화는
강물에 데칼코마니로 내려앉아
포근하게 입술 맞추는 한나절

푸른 정맥과 근육 불거진 청춘
6월의 향연에 초대한 당신이
맨 처음과 나중 사랑인 걸 배워요

첫눈 오는 날

첫눈이 내리는 그날
떨리는 그리움 상자 열어
분홍의 손 편지를 쓰겠어요

열한 달 숨긴 마음
버거워 눈물도 흘렸지만
하얀 계절이 오길 기다렸어요

첫눈이 오는 날
천둥번개 먹고 자란 그리움
눈꽃 위에 써서 보내겠어요

어는 손 입김 불어 녹이며
눈 위에 새긴 추억 기다리는
낮달의 미소를 닮은 사람아

그날이 오면
내 사랑 그대 위해 눈꽃에 쓴
분홍의 손 편지를 부치겠어요

작곡 김 은 혜

Ball State University 석사 졸업, 박사 수료 (작곡, 음악이론)
경희대학교 대학원 박사 졸업 (음악학)
현대음악동인 SIENO, 신음악회 회원, 한국예술음악작곡가협회 사무국장,
American Woman's Music Association, Seattle Korean Music Association,
Midwest Music Theory Association, Composer in Asia (CIA) 회원
국내 최초 여성을 위한 1인음악극 시리즈 '시작은 마흔이었다.
'울지마 엄마' 발표
現, 경희대, 고려대, 국민대, 성신여대 출강, 몰토뉴보이스앙상블 음악감독

바람이라면 좋겠네

천정자 시

그대가 만일 노을이라면
나는 해질녘 풀어놓은
산들바람이 되고 싶어

터벅터벅 등 굽은 나그네
움푹 파인 삶의 자국마다
그늘진 주름 메우고 싶어

창가에 늘어뜨린 어둠 자락
팔베게하고 눈 붙인 시름
맑게 헹구는 봄 꽃이고 싶어

그대가 만일 노을이라면
온종일 부대낀 생의 날개
가지런히 모아 품어주는
별이 기댄 창가의 바람이고 싶어

곡해설

시를 한번 읽었을 때 '참 따뜻한 시'라고 생각했습니다.

시를 두번 읽고 세번 읽고 수십번을 읽고 난 후 시인의 음성이 듣고 싶어졌고 전화 너머로 시인의 고운 목소리를 통해 다시시를 읽었습니다. 시인과 나는 그 뒤로 여러 차례 시에 대한 이야기를 나누었습니다.

그리고 그 이야기를 음악으로 풀어내기 시작했어요.

천정자 시인의 시 〈바람이라면 좋겠네〉는 단어 하나, 문장하나의 의미가 다양하고 시인의 과거와 현재가 함께 덮여 있습니다.

시인은 '오빠, 아빠, 과거, 사랑, 슬픔, 현재, 행복, 그리움' 등의 단어를 직접적으로 사용하지 않고 있는데요, 그럼에도 불구하고 시는 이 모든 것을 담고 있습니다. 지극히 평범하지 만우리가 잊고 있거나 외면했던 단어들이기도 합니다.

이 곡은 일반적인 형식이 없고, 일반적인 진행도 하지 않습니다. 한편의 단막극을 음악으로 나타내고 싶었지요. 그래서 이 곡은 시와 음악을 통한 드라마입니다.

'그대가 만약 노을이라면..?'

드라마가 끝난 후, 이 질문에 대한 답은 우리 모두가 각자 찾기를 바랍니다.

춘천; 문학을 노래하다

해설

『달빛 사랑채 한 칸』을 읽고서
작가 김용원

| 해설 |

천정자 시집 『달빛 사랑채 한 칸』을 읽고서

작가 김용원

 천정자 시인을 알게 된 것은 봄가을이 바뀐 지 일곱 차례쯤 됐지 싶다. 천 시인을 떠올릴 때마다 다섯 음절의 소리가 있는데 그것은 '바람의 의자'이다. 바람에게도 호흡을 가다듬어야 할 자리가 필요하다. 다리가 없는 바람으로서는 맨바닥이 불편하다. 앉았다 일어서기가 힘들어서다. 그렇다고 마냥 서 있을 수는 없다. 다리가 없어 땅을 디딜 수 없기 때문이다. 없는 다리로 들판이며 산골짝을 종일 달려야 하기 때문이다.

 하지만 바람에게도 생각이 있듯 허리가 있어 앉으려면 등받이가 필요하다. 그런 적합성과 문제 해결의 접점으로서의 최상은 결국 의자일 수밖에 없다. 그 의자를 아무도 못 보지만 천 시인은 볼 수 있고, 바람이 앉아 쉬는 모습도 볼 수 있는 눈을 가지고 있다. 그런데다 그이

스스로가 바람과 나란히, 더 나아가 바람이 되어 바람의 의자에 앉아 쉬다가 졸다가 보면 어느 순간 꽃으로 피워내기도 한다.

> 그대가 만일 노을이라면/ 나는 해질녘 풀어놓은/ 산들바람이 되고 싶어// 터벅터벅 등 굽은 나그네/ 움푹 파인 삶의 자국마다/ 그늘진 주름 메우고 싶어//창가에 늘어뜨린 어둠 자락 /팔베개하고 눈 붙인 시름 /맑게 헹구는 봄꽃이고 싶어

마침내 천 시인은 타자로부터 노을을 인식하면서 자신의 소유양식적 삶을 벗어나 존재양식적 삶으로 전이되어가는 삶의 궤적을 어쩔 수 없이 가늠하게 된다. 이어 바람의 의자에서 일어나 산들바람으로 존립성에 대한 의지를 토로한다. 팔베개하고 눈 붙인 '시름을 헹구는 봄꽃'으로 태어나고 싶은 소망이 어느 날 문득 음조를 끌고와 노래가 되고 말았다. 그런 점에서 천 시인의 시가 노래로 작곡되어 공연까지 갖게 되었고, 그 공연장에서 필자가 듣고 느낀 소중한 향주머니에 대한 필자의 이야기를 전개하고 있다.

창가에 늘어뜨린 어둠 자락. 팔베개하고 눈 붙인 시름/

맑게 헹구는 봄꽃이고 싶어// 그대가 만일 노을이라면/
온종일 부대낀 생의 날개/ 가지런히 모아 품어주는

일찍이 천 시인이 낸 시집을 통독하고 얻은 숲그림은 바람의 의자에 맴도는 바람의 소리이며 이야기였다면 이번 시집은 '달빛 사랑채'에서 서성이다 결국은 온종일 부대낀 생의 날개를 가지런히 모아 별이 기댄 창가로 이끄는 감성에 이르고 있다. 그것은 곧 제1시집의 전체적 흐름이 동적 動的이었다면 이번 시집은 정적 靜的인 쪽으로 무게가 쏠렸음을 깨닫게 한다. 이런 변화는 천 시인이 그만큼 정신적 성숙도가 높아지고 안정적이라는 점을 엿볼 수 있는 대목이라고 볼 수 있다.

이 세상 누구라도/ 지름길은 몰라요// (...) 행복한 삶의
기준을/ 지혜로 조율하는 방법뿐// 정답 모르고 떠난/
인생 행보가/ 서툴지만 (...)

시가 인간의 사상이나 감정을 운율 있는 언어로 압축하는 표현의 글이라고 한다면, 그런 점에서 천 시인의 글은 대체로 매우 함축이다. 하지만 꼭 그런 것만은 아니라는 것을 이런 경우의 시에서 보여주고 있다. 그런 점에서 '이 세상 누구라도 지름길은 몰라요'라고 말하는

것은 이 세상일에는 정답이 없다는 말과 뜻이 통한다.

천 시인의 말로 '지름길은 몰라요' 했을 때는 뜻이 은밀하고 폭이 넓어지면서 시적 변용성과 확장성을 획득하게 된다. 덧붙여 '행복한 삶의 기준을 지혜로 조율하는 방법뿐'이라는 말을 덧붙임으로써 지름길은 몰라도 지름길을 찾고 헤아리는 삶의 방향성과 지표를 귀띔하고 있다.

> 심장이 뛰는 동안/ 가시 박힌 통증의 너를// (...) 빗방울 발자국/ 하늘 가득 채우며/ 떠난 그리움아// 잘 있는 거지/ 죽을 만큼 보고 싶다

모든 문학작품이 그렇지만, 그중에서도 특히 운문에서는 결국 내면에 침전된 슬픔과 연관되어진 노래임을 어쩔 수 없이 인정할 수밖에 없다. 그래서 '죽음'을 모르면 시를 쓰지 말라는 말이 있는 것으로 보인다. 그렇다. 아픔이다. 가시 박힌 통증이 빗방울로 대치된 눈물의 발자국이 하늘을 가득 채우며 떠난 그리움이고, 그 그리움의 대상이 잘 있는지 물어보며 끝내는 죽을 만큼 보고 싶은 심정을 글짜화시켜 놓고 있다. 천 시인의 그 슬픔의 씨앗을 필자는 엿들은 바 있으므로 그 절실함을, 그 통증을 상당 부분 공감하면서 이 글을 쓰고 있는 중이다.

산 그림자 걸어와 멈춘/ 언덕배기 너의 집에 가던 날// 숙성한 반죽처럼 부푼 겨울밤/ 녹슨 시간 얼굴 닦아 찾아보아도/ 대답 없는 농회색 하늘의 메아리// 등 휜 세월에 감금된 넌 까무룩 해도/ 내 눈동자 가슴에 안긴 그 별밤은/ 시의 행간 연주하는 노래가 되었어

 그리하여 결국 천 시인은 화려한 무대 뒤에는 깊은 고독의 출입문에 걸린 분장실이 있는 것처럼 '언덕배기 너의 집에 가던 날'을 기웃거리고 만다. 그곳에서 '대답 없는 농회색 하늘의 메아리'만 맴돌 뿐 등이 휜 내 눈동자 가슴에 안긴 그 별밤은 '시의 행간을 연주하는 노래'가 되고 있다. 그리고 그 행간을 연주하는 노래는 달빛 사랑채에서 두 번째 시집으로 엮어져 우리들 가슴에 펼쳐지고 있다.
 천정자 시인의 두 번째 시집 출간을 진심으로 축하합니다.

천정자 시집

달빛 사랑채 한 칸

발행 2024년 12월 20일
지은이 천정자
인쇄 도서출판 태원
　　　강원특별자치도 춘천시 서부대성로 110-2
전화 (033)255-0277
E-mail tw0277@hanmail.net

ISBN 979-11-6349-138-5 03810
ⓒ천정자, 2024, korea

정가 13,000원

이 책은 저작권법에 따라 보호받는 저작물이므로
무단 전재와 무단복제를 금합니다.

※ 본 시집은 ∧∧/ 한국예술인복지재단 「예술활동 준비금」을
　 지원받아 출간한 책입니다.